Mon oiseau

Titre original de l'ouvrage : « Mi pájaro »
© Parramón Ediciones, S.A.
© Bordas. Paris. 1990 pour la traduction française
I.S.B.N. 2-04-019223-9
Dépôt légal : Octobre 1990

Traduction : C. Diaz-Bosetti (agrégée d'espagnol)
Adaptation : E. Bosetti (psychologue scolaire)

Imprimé en Espagne par
EMSA, Diputación, 116
08015 Barcelona, en septembre 1990
Dépôt légal : B. 28.204-90
Numéro d'Éditeur : 785

la bibliothèque des tout-petits

I. Sanchez / M. Rius

Mon oiseau

Bordas

J'adore me promener avec Delphine
parmi les boutiques
du marché aux oiseaux.

C'est joli !
Il y a des oiseaux de toutes les couleurs,
et chacun a un chant particulier.

Papa et maman nous ont acheté
le plus beau.
Delphine le porte, bien protégé,
dans une boîte à trous.
Moi, je me charge de la grande cage.

Papa installe la cage en hauteur, hors de portée de notre chat Moustache, qui s'intéresse beaucoup à son nouveau compagnon...

Voilà notre oiseau bien installé dans sa nouvelle maison.

– Surtout, ne laissez pas la cage au soleil ou dans les courants d'air, nous dit maman.

Quel bonheur ! notre nouvel ami chante comme pour nous dire bonjour : il est heureux chez nous !

– Il doit toujours avoir de l'eau propre et des graines à sa disposition, dit papa.

Il adore se balancer, puis, hop !
il va dans sa petite baignoire
pour " faire trempette ".

Son chant est si beau que nous
nous arrêtons tous pour l'écouter.

Un matin, notre oiseau n'a plus chanté.
Maman nous a rassurés tout de suite :
– Ce n'est pas grave, il mue.

Un jour, la maîtresse nous a demandé
d'apporter notre animal favori à l'école.

La classe s'est transformée en une
vraie ménagerie : il y a des souris blanches
qui grignotent, des perruches qui chantent
tout le temps, des hamsters, des canaris...
Moi, c'est mon oiseau que je préfère

MON OISEAU

Avoir un oiseau chez soi

Chassés par les uns qui se repaissent de leur chair ou se parent de leurs plumes, protégés par les autres, dans leur milieu naturel ou à la maison, les oiseaux font partie de l'univers des hommes depuis des siècles. Ils les ont toujours fascinés, éveillant leur désir de conquête de l'espace.

Certains oiseaux semblent pouvoir vivre dans une liberté limitée tout près de nous. Si l'on est séduit par la qualité et la variété de leur chant, par la multiplicité et la richesse des couleurs de leur plumage, s'ils offrent un espace de rêve, il faut savoir compenser la captivité imposée par une parfaite connaissance de leurs besoins et de leurs habitudes.

Ces oiseaux domestiques deviennent très vite des amis pour les enfants, avec leurs manifestations affectives et leurs possibilités d'échanges : certains se livrent à des imitations, ou bien manifestent leurs humeurs par leurs attitudes ou dans les modulations de leur chant.

S'occuper d'un oiseau à la maison ou à l'école maternelle présente une valeur éducative : on peut ainsi développer chez l'enfant le sens du respect de la vie et des responsabilités, s'interroger sur la liberté et la captivité, sur les besoins fondamentaux de chaque espèce, sur la protection de la nature et de l'environnement.

La cage

Son choix est primordial car la cage délimite l'espace de vie offert à l'oiseau. Il faut qu'elle soit grande. Il est d'ailleurs préférable de se priver de la présence d'un oiseau si l'on n'a pas assez de place pour assurer son bien-être, car il devient alors triste, apathique et peut même se laisser mourir d'ennui.

Il faut veiller à l'hygiène, d'abord par le choix du matériau de la cage. L'acier inoxydable présente le plus de garanties : d'un nettoyage facile, il évite le développement de micro-organismes parasitaires.

Le grillage du fond doit être muni d'un plateau-tiroir en métal ou en plastique pour recueillir les excréments et les restes de nourriture. Toutes les cages modernes comportent des ouvertures latérales pour y incorporer des mangeoires et des augets, de façon à ce que leur contenu (nourriture et eau) soit situé à l'extérieur de l'enceinte grillagée : cela permet d'éviter que l'oiseau le salisse.

Les accessoires pour la cage

L'aménagement intérieur de la cage doit être étudié selon l'espèce et les habitudes de l'oiseau choisi. Dans une cage spacieuse, plusieurs perchoirs permettent à son occupant de sauter de l'un à l'autre et même d'effectuer de brefs envols... Une balançoire et un petit escalier (si notre oiseau est un grimpeur) peuvent compléter l'installation.

La plupart des oiseaux ont besoin de se baigner, aussi doit-on mettre à leur disposition une petite baignoire en plastique, en faïence ou en verre, suffisamment remplie pour qu'ils puissent s'y ébrouer.

L'alimentation

De nos jours, nourrir un oiseau domestique ne présente aucun problème. On trouve sur le marché des préparations à base de graines, spécialement recommandées pour les différentes espèces : canaris, perruches, chardonnerets, perroquets, etc. Mais les oiseaux ont aussi besoin de végétaux frais (fruits et légumes) préalablement lavés et égouttés.

Les aliments composés, en conserve, sont bien dosés en vitamines nécessaires à la bonne santé de l'oiseau.

Cependant, si l'on a choisi un oiseau d'une espèce peu courante, il est préférable de prendre conseil auprès d'un expert en ce qui concerne son alimentation. Tous les aliments ne conviennent pas forcément à chaque espèce d'oiseaux.

Précautions

Le nettoyage quotidien de la cage allié à une alimentation correcte constituent la meilleure garantie pour la santé de l'oiseau. S'il est bien soigné, il n'attrapera pas de maladies graves. Cependant, il convient de prendre quelques précautions : ne pas l'exposer aux courants d'air, le maintenir dans un lieu aéré et sec, éviter les endroits humides.

L'oiseau doit bénéficier d'une lumière naturelle : on le placera près d'une ouverture sur l'extérieur ou même à l'air libre. Mais certaines espèces (le canari, par exemple) ne supportent pas les rayons du soleil.

On doit éviter de placer un oiseau dans la cuisine, même si c'est l'endroit le plus chaud de la maison : les émanations de gaz sont très nuisibles aux petits volatiles.

On ne mettra jamais d'objets peints dans sa cage : les sels de plomb présentent un grave danger d'empoisonnement.

Un oiseau demande donc un soin quotidien. Mais quel plaisir de l'entendre chanter...

BIBLIOTHÈQUE DES TOUT-PETITS

de 3 à 5 ans

Conçue pour les enfants de 3 à 5 ans, la *Bibliothèque des tout-petits* leur permet de maîtriser des notions fondamentales mais un peu abstraites pour eux : la perception sensorielle, les éléments, le rythme des saisons, les milieux de vie...
Ses diverses séries, constituées en général de 4 titres pouvant chacun être lu de manière autonome, en font une mini encyclopédie dont la qualité graphique, la précision et la fraîcheur de l'illustration sollicitent la sensibilité, l'imagination et l'intelligence du tout-petit.

LES QUATRE MOMENTS DU JOUR

Le matin
L'après-midi
Le soir
La nuit

LES QUATRE SAISONS

Le printemps
L'été
L'automne
L'hiver

LES QUATRE ÉLÉMENTS

La terre
L'air
L'eau
Le feu

LES ÂGES DE LA VIE

Les enfants
Les jeunes
Les parents
Les grands-parents

LES CINQ SENS

L'ouïe
Le toucher
Le goût
L'odorat
La vue

JE DÉCOUVRE

Je découvre le zoo
Je découvre l'aquariu
Je découvre les oisea
Je découvre la ferme

JE VOYAGE

En bateau
En train
En avion
En voiture

UN JOUR À

La mer
La montagne
La campagne
La ville

RACONTE-MOI...

Le petit arbre
Le petit lapin
Le petit oiseau
Le petit poisson

MON UNIVERS

Voilà ma maison
Voilà ma rue
Voilà mon école
Voilà mon jardin

À L'ÉCOLE

Vive mon école !
Vive la classe !
Vive la récréation !
Vive les sorties !

JOYEUSES FÊTES !

Joyeuses Pâques !
Joyeux carnaval !
Joyeux anniversaire!
Joyeux Noël !

MES GESTES QUOTIDIENS

Quand je me lave
Quand je m'habille
Quand je mange
Quand je me soigne

MES ANIMAUX FAMILIERS

Mon chat
Mon chien
Mon hamster
Mon oiseau

Pour éclater de lire